AF648274

ANTJE
WATERMANN

OPTImal REGIONAL

DAS BESTE AUS DER DEUTSCHEN KÜCHE

Impressum

HEEL Verlag GmbH
Gut Pottscheidt
53639 Königswinter
Tel.: 02223 9230-0
Fax: 02223 9230-13
E-Mail: info@heel-verlag.de
Internet: www.heel-verlag.de

© 2022 HEEL Verlag GmbH
2. Auflage 2022
In Zusammenarbeit mit Tefal

Alle Rechte, auch die des Nachdrucks, der Wiedergabe in jeder Form und der Übersetzung in andere Sprachen, behält sich der Herausgeber vor. Es ist ohne schriftliche Genehmigung des Verlages nicht erlaubt, das Buch und Teile daraus auf fotomechanischem Weg zu vervielfältigen oder unter Verwendung elektronischer bzw. mechanischer Systeme zu speichern, systematisch auszuwerten oder zu verbreiten.

Autorin: Antje Watermann
Projektleitung: Hannah Kwella
Lektorat/Foodstyling: Christine Birnbaum
Fotos: Sandra Then, www.then-fotografie.de
Satz und Gestaltung: Ralph Handmann

Dieses Buch und die darin enthaltenen Rezepte wurden nach bestem Wissen und Gewissen verfasst. Weder der Verlag noch der Autor tragen die Verantwortung für ungewollte Reaktionen oder Beeinträchtigungen, die aus der Verarbeitung der Zutaten entstehen.

Klimaneutral und unter Verwendung FSC®-zertifizierten Materials gedruckt

Product footprint CO_2 Neutral PBN-CFMCP-015258 www.preferredbynature.org

FSC www.fsc.org MIX Papier aus verantwortungsvollen Quellen FSC® C084279

– Alle Rechte vorbehalten –
– Alle Angaben ohne Gewähr –

Printed in Czech Republic

ISBN: 978-3-96664-337-5

ANTJE WATERMANN

OPTImal REGIONAL

DAS BESTE AUS DER DEUTSCHEN KÜCHE

Tefal

HEEL

INHALT

EINLEITUNG

Wer Brandings und Röstaromen liebt, stolpert irgendwann über den OptiGrill und lernt ihn schätzen und lieben. Denn mit ihm wird der Traum vom „immer und - fast - überall grillen" Realität. Der kompakte Tausendsassa mit den großen inneren Werten ist ein überaus genügsamer Zeitgenosse, denn er braucht eigentlich nur Strom und trotzt ansonsten annähernd jeder Herausforderung.

Und wenn sich im Laufe eines Genusslebens die persönlichen Vorlieben etwas verschieben, Altbekanntes etwas zurücktritt, Neues nach vorne drängt, ausprobiert werden will und sich einen festen Platz im Speiseplan erobert, auch dann kommt er ganz groß raus.

Denn so manches, was die Tradition, die deutsche Küche und unser kulinarisches Gedächtnis uns mitgegeben haben, bekommt mit dem OptiGrill noch einmal einen ganz anderen Reiz und kann neu entdeckt werden.

Dieses Buch ist eine Einladung, altbewährte Klassiker der regionalen deutschen Küche wieder einmal auszuprobieren. Sie wurden dafür auf den OptiGrill angepasst, also ganz behutsam neu interpretiert. Sämtliche Rezepte sind dabei für jede OptiGrill-Variante geeignet, ganz egal, ob Sie mit dem Standard, dem XL oder dem Elite grillen.*
Lassen Sie sich inspirieren und spielen Sie selbst ein bisschen mit Ihren ganz persönlichen regionalen Klassikern, Sie werden es nicht bereuen!

Guten Appetit!

*Auf die Programm-Wahl der verschiedenen Modelle wird, sofern sie nicht einheitlich ist, an entsprechender Stelle hingewiesen.

OptiGrill Elite
Steak
OK

WIE ES DAZU KAM

Essen hält ja bekanntlich Leib und Seele zusammen, aber nicht nur das. Die Küche eines jeden Landes hat einen großen Anteil an der kulturellen Identität und verrät oftmals mehr über eine Region als akribisch zusammengetragene Statistiken. Und gerade in Zeiten, in denen Nachhaltigkeit und Regionalität eine immer größere Rolle spielen, erscheint die facettenreiche Küche der deutschen Regionen wieder in einem ganz anderen Licht.

Ob norddeutscher Pannfisch, Hoorische Kartoffelspatzen aus der Pfalz oder Schäufele aus dem Süden, die deutsche Küche bietet landauf, landab einen besonderen Zauber und verweist auf ihre traditionellen Wurzeln.

Aus diesem Grund hat sich Tefal dazu entschlossen, eine Brücke zu schlagen vom ikonischen Longseller OptiGrill zur kulinarischen Vielfalt der Regionen Deutschlands. Die OptiGrill-Community wurde dazu aufgerufen, aus einer großen Auswahl an Rezeptklassikern ihre Favoriten auszuwählen. Das Voting fand Ende 2021 online auf der Firmenwebsite (www.tefal.de) statt und die Ergebnisse wurden dann für den OptiGrill angepasst. In diesem Buch sind nun die 32 Top-Rezepte der Deutschen Küche aus 16 Bundesländern vereint – ausgewählt von der OptiGrill-Community höchstselbst. Lassen Sie sich überraschen, es gibt einiges zu entdecken, neben altbekannten Klassikern in ganz authentischer Zubereitung auch leckere Varianten, die mit dem OptiGrill perfekt gelingen.

OptiGrill Elite XL
Medium
in 02:30
OK

FÜR JEDES GERICHT DAS PERFEKTE PROGRAMM

Ganz gleich, welches Grillgut Sie den antihaftbeschichteten Platten des OptiGrills anvertrauen, es gibt für jede Option das passende Programm.

Alle Rezepte in diesem Buch sind auf sämtlichen Modellen anwendbar, dabei ist es vollkommen irrelevant, ob Sie mit 6, 9, 12 oder 16 Programmen grillen. Sobald ein Programm verwendet wird, das nicht alle Modelle anbieten, finden Sie im Text einen entsprechenden Vermerk zu der passenden Alternative. Ein Paradebeispiel dafür, sind Bratwürste.

Wer schon einmal Würstchen mit dem **Programm Wurst** auf dem OptiGrill zubereitet hat, kennt das Phänomen: Es dauert sehr lange. Insbesondere dann, wenn man vorgegarte Würstchen verwendet.

Beim Modell OptiGrill Elite gibt es in der Gebrauchsanweisung den Hinweis, dass vorgegarte Würstchen im Programm Manuell bis zur Stufe „Orange" gegrillt werden sollten. Für alle Nutzerinnen und Nutzer, die ein anderes Modell haben, denen diese Information also fehlt, sei darauf hingewiesen, dass das **Programm Wurst** für rohe Würste gedacht ist.

Generell ermöglicht es der Manuelle Modus bei jedem OptiGrill, den individuellen Wünschen nachzukommen oder die möglicherweise nicht vorhandenen Programme zu ersetzen. Sie können bei einigen Modellen sowohl die Grilltemperatur als auch die Grillzeit einstellen und so das für Sie optimale Ergebnis erzielen.

OK

OptiGrill+
temp control
OK
SAIGNANT
À POINT
BIEN CUIT
DÉBUT DE CUISSON

DIE REINIGUNG

Die Reinigung des OptiGrills ist kinderleicht und kann Ihrem Gerät nahezu nichts anhaben, wenn Sie ein paar Dinge beachten.

Zwischen einzelnen Grillvorgängen reicht es meist aus, mit einem Küchentuch, das man am besten mit einer Zange festhält, über die Platten und zwischen den Rillen zu wischen, um den Grill für die nächste Runde Grillgut vorzubereiten.

Nach dem Essen lassen sich die antihaftbeschichteten Platten mit einem Klick aus ihrer Halterung lösen und anschließend ohne Probleme mit einer Silikonbürste oder einem herkömmlichen Spülschwamm säubern. Die Platten sind jedoch nicht bloß per Hand abwaschbar. Selbst ein Waschgang in der Spülmaschine stellt keinerlei Probleme dar. Achten Sie dabei darauf, dass genügend Abstand zwischen den beiden Platten und zu anderen spitzen Gegenständen herrscht, damit die Beschichtung nicht zerkratzt.

Der OptiGrill an sich sollte bei der Benutzung kaum verschmutzen, ist dies doch einmal der Fall, nehmen Sie das Gerät nach dem Grillvorgang vom Strom, lassen es auskühlen und reinigen es mit einem feuchten Lappen.

Schon kann es weitergehen!

DIE REZEPTE

VON BADEN-WÜRTTEMBERG BIS THÜRINGEN

GEGRILLTER KÜRBIS

Baden-Württemberg

4 Personen 5 Min. Vorbereitung ca. 10 Min. Grillzeit

Zutaten:

1 großer Hokkaido-Kürbis
oder 2 kleine

Zutaten für die Marinade:

8 EL Olivenöl

2 Knoblauchzehen, fein gehackt

2 TL Paprika, edelsüß

1 TL Currypulver

1 TL Salz

Zubereitung:

1. Den Kürbis halbieren, aushöhlen und in mitteldicke Streifen schneiden.

2. Zutaten für die Marinade miteinander vermengen und die Spalten damit marinieren.

3. Kürbisspalten im **Programm Kartoffel** weich grillen. Alternativ: 10 Minuten im **Programm Manuell/Orange** grillen.

4. Warm und mit einem frischen Dip nach Wahl servieren.

SCHÄUFELE-SANDWICH

Baden-Württemberg

4 Personen 2-3 Std. + 45 Min. Vorbereitung ca. 5-10 Min. Grillzeit

Zutaten:

700 g Schweineschulter mit Knochen und Schwarte

1 TL Salz

1 TL Pfeffer

1 TL Kümmel

700 ml Wasser

1 Zwiebel

1 EL Speisestärke mit Wasser verrührt

4 Laugenbrötchen

100 g Sauerkraut

Zubereitung:

1. Den Ofen auf 200 °C Ober-/Unterhitze vorheizen.

2. Die Schweineschulter waschen und trocken tupfen. Mit den Gewürzen einreiben.

3. Die Schweineschulter in einen Bräter setzen, 100 ml Wasser dazugießen und zunächst 30 Minuten im Ofen garen.

4. Zwiebel grob zerkleinern. Zwiebelstücke nach 30 Minuten zur Schweineschulter geben und 600 ml Wasser angießen. Die Hitze des Ofens auf 160 °C reduzieren und das Schäufele weitere 2–3 Stunden im Ofen garen. Am Ende den Backofengrill auf höchster Temperatur (ca. 250 °C) anschalten und das Schäufele für weitere 5–10 Minuten grillen. Die Kruste sollte dabei schön aufpoppen. Das Fleisch sollte sich am Ende der Backzeit leicht vom Knochen lösen. Dann das Fleisch herausnehmen und in Scheiben von gewünschter Breite schneiden.

5. Die Schäufele-Scheiben auf den OptiGrill legen und im **Programm Schwein** ca. 5 Minuten knusprig grillen.

6. Die Flüssigkeit aus dem Bräter durch ein Sieb gießen und auffangen. In einen Topf geben und mit der angerührten Speisestärke nochmal aufkochen lassen. Die Sauce mit Salz, Pfeffer und Kümmel abschmecken.

7. Die Laugenbrötchen auf der Innenseite auf einem Toaster oder in einer Pfanne anrösten.

8. Die Laugenbrötchen belegen. Dafür Sauce, Schäufele-Scheiben und Sauerkraut übereinanderschichten.

GEGRILLTE MAULTASCHEN
mit Schmelzzwiebeln

4 Personen 20 Min. Vorbereitung ca. 10 Min. Grillzeit

Zutaten für die Maultaschen:

2 Packungen Maultaschen à 360 g

Zutaten für die Schmelzzwiebeln:

4 Gemüsezwiebeln

100 g Butter

2 Prisen Salz

2 TL Zucker

4 EL Wasser

Pfeffer, nach Geschmack

Zubereitung:

1. In einem Topf reichlich Wasser zum Kochen bringen und die Hitze anschließend reduzieren. Die Maultaschen nach Packungsanweisung im siedenden Wasser garen und abschöpfen.

2. Die Zwiebeln schälen, halbieren und in Streifen schneiden.

3. Die Maultaschen portionsweise im **Programm Manuell/Gelb** 10 Minuten grillen.

4. Währenddessen eine Pfanne bei mittlerer Stufe erhitzen und die Butter darin auslassen. Zwiebeln dazugeben und glasig andünsten.

5. Salz, Zucker und Wasser dazugeben und unter ständigem Rühren 5 Minuten weiterdünsten, bis die Zwiebeln eine schöne goldbraune Farbe haben. Zum Schluss mit Pfeffer abschmecken.

6. Maultaschen mit Schmelzzwiebeln anrichten und servieren.

STECKERLFISCH

Bayern

4 Personen 10 Min. Vorbereitung + 12 Std. Marinierzeit ca. 4 ½ Min. Grillzeit

Zutaten für die Makrelen:

4 Makrelen, küchenfertig

Zutaten für die Marinade:

1 Bund Petersilie
1 Bund Thymian
1 Bund Oregano
1 Bund Rosmarin
5 Tropfen Rauchöl
300 ml Sonnenblumenöl
Saft von 3 Zitronen
1 EL Fenchelsamen
½ TL getrocknete Chilis
1 TL Salz
½ TL Pfeffer
4 OptiGrill-Spieße

Zubereitung:

1. Die Makrelen waschen und trocken tupfen.

2. Für die Marinade Petersilie, Thymian, Oregano und Rosmarin fein hacken. Die Kräuter in einem Schälchen mit Rauchöl, Öl, Zitronensaft, Fenchelsamen, Chilis und Salz und Pfeffer mischen.

3. Die Makrelen rundherum mit der Marinade einreiben und in eine verschließbare Dose oder Auflaufform legen. Die restliche Marinade über die Fische gießen und die Fische im Sud im Kühlschrank 12 Stunden ziehen lassen.

4. Am nächsten Tag die Fische aus dem Kühlschrank nehmen und je einen Fisch auf einen Spieß stecken. Die Fische so nochmal 30 Minuten ruhen lassen.

5. **Programm Fisch** auswählen und die Makrelen portionsweise 4 ½ Minuten bis Stufe Rot knusprig grillen. Je nach Größe des Fisches kann die Grillzeit etwas variieren. Am besten eignen sich für dieses Rezept die XL-Modelle des OptiGrills, da die Fische für die kleineren Versionen gegebenenfalls zu groß sein könnten.

TIPP:
Auch Forelle oder Makrele oder andere Weißfischarten eignen sich für den Steckerlfisch. Bei anderen Fischarten kann die Grillzeit variieren.

Bayern

BAYERISCHE LEBERKÄSSEMMEL

4 Personen 5 Min. Vorbereitung ca. 8 Min. Grillzeit

Zutaten:

4 Scheiben Leberkäse
4 Eier (Gr. M)
Salz, Pfeffer
4 Semmeln
4 EL süßer Senf

Zubereitung:

1. Den Leberkäse im **Programm Vorgegarte Wurst** goldbraun grillen. Alternativ: 8 Minuten im **Programm Manuell/Orange**.

2. Währenddessen die Eier in einer Pfanne mit Öl zu Spiegeleiern braten und mit Salz und Pfeffer würzen.

3. Die Semmeln jeweils auf der Innenseite auf einem Toaster oder in einer Pfanne anrösten.

4. Die Leberkäsescheiben jeweils auf die Unterseite der Semmel legen, mit süßem Senf bestreichen, mit Spiegelei belegen und den Brötchendeckel oben auflegen.

TIPP:

Der „Klassiker" kann natürlich ganz nach Gusto und Zeit noch aufgepimpt werden: z. B. mit Krautsalat, sauren Gurken oder Salatblättern.

WOLLWÜRSTE

mit bayerischem Krautsalat

Bayern

4 Personen 2 Std. 30 Min. Vorbereitung ca. 20 Min. Grillzeit

Zutaten für den Krautsalat:

750 g Weißkohl
1 TL Salz
125 g Speck, geräuchert, durchwachsen
1 kleine Zwiebel
3 EL Weißweinessig
125 ml Brühe, Gemüse oder Fleisch
1 EL Kümmelsamen, ganz
1 TL mittelscharfer Senf
4 EL Sonnenblumenöl
Salz, Pfeffer, nach Geschmack

Zutaten für die Wollwürste:

8 Wollwürste
200 ml Milch

Zubereitung:

1. Den Weißkohl vierteln und den Mittelstrunk herausschneiden. Dabei die äußeren Blätter entsorgen und den Kohl mit einem Hobel in feine Streifen reiben.

2. Die Streifen in eine weite Schüssel geben und das Salz darüberstreuen, 20 Minuten ziehen lassen.

3. Währenddessen den Speck in kleine Würfel schneiden und in einer Pfanne bei niedriger Hitze anbraten.

4. Zwiebel schälen, ebenfalls in Würfel schneiden und zum Speck in die Pfanne geben.

5. Sobald die Zwiebeln glasig sind, den Essig und die Brühe einrühren. Kurz aufkochen lassen, anschließend die Kümmelsamen, den Senf, das Öl, sowie Salz und Pfeffer nach Geschmack untermischen.

6. Die Marinade über das Kraut geben und gut vermischen.

7. Vor dem Servieren 2 Stunden kaltstellen, damit sich der Geschmack entfaltet.

8. Kurz vor dem Servieren können die Wollwürste zubereitet werden. Die Würste in eine Schüssel mit Milch tauchen und dann auf den Optigrill geben. Im **Programm Wurst** goldbraun grillen.

9. Die Wollwürste mit dem Krautsalat servieren.

TIPP:

Wollwürste sind im Grunde nichts anderes als Münchner Weißwürste, nur ohne Darm. Es wird gesagt, dass ein Metzgermeister vergessen hatte, die Wurstdärme vorzubereiten und sich kurzerhand dazu entschloss, die Würste ohne Darm im heißen Wasser zu kochen und direkt zum Verkauf anzubieten. Die Wollwürste sollten am Tag des Kaufes direkt verzehrt werden, da sie sich ohne Darm nicht lange halten.

KALBSLEBER „BERLINER ART“
mit Püree und gegrillten Apfelscheiben

4 Personen | 45 Min. Vorbereitung | ca. 10 Min. Grillzeit

Zutaten für die Kalbsleber:

4 Scheiben Kalbsleber à ca. 150 g
Mehl zum Wenden

Zutaten für die gegrillten Apfelscheiben:

3 Äpfel
2 TL Zucker

Zutaten für das Püree:

800 g Kartoffeln, mehligkochend
1 EL Salz für das Kochwasser
100 g Milch, lauwarm
50 g Sahne
2 EL Butter oder Margarine
1 Prise Salz + Muskatnuss
optional etwas Kümmel, gerieben

TIPP:
Wichtig für eine luftig-cremige Konsistenz des Pürees ist das Zerstampfen der Kartoffeln mit einem Kartoffelstampfer. Bitte keinen Pürierstab verwenden, sonst wird die Masse zu klebrig!
Wer es deftig mag, kann das Püree mit gerösteten Zwiebel- und Speckstücken variieren.

Zubereitung:

1. Für das Püree die Kartoffeln schälen, in gleich große Stücke schneiden, in einen Topf geben und so viel Wasser einfüllen, dass sie gerade bedeckt sind.

2. Das Salz zum Kochwasser hinzufügen, das Ganze einmal aufkochen und mit geschlossenem Deckel ca. 20 Minuten köcheln lassen.

3. Nach Ende der Garzeit den Topf vom Herd nehmen und das Wasser abgießen. Die Kartoffeln mit dem Kartoffelstampfer zerstampfen und Milch und Sahne zugießen, Butter oder Margarine unterrühren und mit Salz und Muskatnuss abschmecken. Optional etwas geriebenen Kümmel hinzufügen.

4. Nochmals gut mit dem Kartoffelstampfer zerstampfen und nur ganz kurz mit einem Schneebesen vermischen, bis ein richtiges Kartoffelpüree entsteht.

5. Für die gegrillten Apfelscheiben die Äpfel mit einem Apfelentkerner entkernen und in dicke Scheiben schneiden. Die Apfelscheiben mit Zucker bestreuen und anschließend im **Programm Manuell/Orange** 4 Minuten grillen.

6. Die Kalbsleberscheiben in Mehl wenden. Im **Programm Steak** 2 ½ Minuten knusprig grillen. Die Leber mit Püree und Apfelscheiben servieren.

BERLINER CURRYWURST
mit selbstgemachter Currysauce

4 Personen 5 Min. Vorbereitung ca. 10 Min. Grillzeit

Zutaten für die Bratwurst:

4 Bratwürste, fein, gebrüht

Zutaten für die Currysauce:

2 kleine Zwiebeln
etwas Olivenöl
etwas Wasser
500 ml Tomatenketchup
3 EL Balsamico, dunkel
2 EL Honig
1 Spritzer Sojasauce
40 g Orangensaft
1 TL Tomatenmark
2 EL Currypulver
etwas Chilipulver

Zubereitung:

1. Für die Currysauce die Zwiebeln sehr fein hacken. Etwas Olivenöl in einen Topf geben und die kleingeschnittenen Zwiebeln glasig anbraten. Anschließend mit etwas Wasser ablöschen – nur so viel, dass sich die Zwiebeln leicht vom Boden lösen und die Flüssigkeit schnell wieder verdampft.

2. Ketchup, Balsamico und Honig dazugeben, gut durchrühren und für ca. 3–4 Minuten leicht köcheln lassen. Dann die Sojasauce, den Orangensaft und die übrigen Gewürze zugeben. Nach Belieben noch etwas mit Curry oder Chili abschmecken.

3. Währenddessen die Bratwurst rundherum mit einer Gabel einstechen und im **Programm Vorgegarte Wurst** grillen. Alternativ: etwa 10 Minuten im **Programm Manuell/Orange** grillen.*

4. Bratwurst in Scheiben schneiden und mit selbstgemachter Currysauce servieren.

TIPP:
Sollte Sauce übrigbleiben, diese in ein Schraubglas abfüllen und im Kühlschrank lagern. Innerhalb der nächsten Tage aufbrauchen.

* Siehe Hinweis Seite 10

BULETTEN - da kickste wa!

Berlin & Brandenburg

4 Personen | 5 Min. Vorbereitung | ca. 20 Min. Grillzeit

Zutaten:

2 Zwiebeln
½ Bund Petersilie
1 kg Hackfleisch
100 g Semmelbrösel
2 Eier (Gr. M)
50 g mittelscharfer Senf
30 g geriebener Käse
2 TL Majoran
2 TL Paprikapulver, edelsüß
3 TL schwarzer Pfeffer
2 TL Salz

Zubereitung:

1. Zwiebeln fein würfeln und Petersilie hacken. Zwiebelwürfel, gehackte Petersilie und alle weiteren Zutaten in einer großen Schüssel gründlich vermischen. Aus dem Fleischteig 10 Buletten formen.

2. Die Buletten im **Programm Burger** grillen und servieren.

TIPP:
In der Form sind die Buletten vielleicht etwas ungewöhnlich, durch den OptiGrill werden sie etwas platter, als gewohnt, aber im Geschmack sind sie einfach unwiderstehlich gut!

Hessen

MARINIERTE WILDSCHWEIN-KOTELETTS
mit Selleriepüree

4 Personen 35 Min. Vorbereitung + 1 Std. Marinierzeit ca. 20 Min. Grillzeit

Zutaten für die Koteletts:

4 Wildschweinkoteletts

Zutaten für die Marinade:

50 ml Olivenöl
4 TL Rosmarin, getrocknet
Salz
Pfeffer

Zutaten für das Selleriepüree:

1 kg Knollensellerie
1 EL Zitronensaft
1 Zwiebel, gewürfelt
250 ml Gemüsebrühe
50 g Sahne
½ TL Salz
1 Prise Pfeffer

Zubereitung:

1. Die Koteletts von beiden Seiten mit Olivenöl bestreichen. Jeweils mit 1 TL Rosmarin, etwas Salz und Pfeffer würzen und die Koteletts für 1 Stunde marinieren lassen.

2. Für das Selleriepüree währenddessen den Knollensellerie putzen, würfeln und mit dem Zitronensaft beträufeln.

3. Zwiebeln würfeln und mit Sellerie in einem Topf in der Gemüsebrühe 20 Minuten garen.

4. Die Koteletts nach der Marinierzeit im **Programm Lamm** grillen. Alternativ das **Programm Steak** verwenden.

5. Das gegarte Gemüse mit der Garflüssigkeit, Sahne, Pfeffer und Salz fein pürieren.

6. Die Koteletts zusammen mit dem Selleriepüree servieren.

TIPP:
Alternativ kann man auch ausgebeinten Wildschweinrücken verwenden.

LACHSFILET
mit Frankfurter „Grie Soß"

Hessen

4 Personen | 20 Min. Vorbereitung | ca. 10 Min. Grillzeit

Zutaten für die Lachsfilets:

4 Lachsfilets à 120 g
Olivenöl
Salz
Pfeffer

Zutaten für die „Grie Soß":

750 ml Dickmilch
750 ml Sauerrahm
100 ml Milch
½ TL weißer Pfeffer
1 TL Salz
1 TL Zucker
3 EL Senf, mittelscharf
3 EL Öl
1 EL Weißweinessig
50 g Borretsch
50 g Kerbel
50 g Kresse
50 g Petersilie
50 g Pimpinelle
50 g Sauerampfer
50 g Schnittlauch
Liebstöckel, nach Belieben, optional
Zitronenmelisse, nach Belieben, optional
10 Eier (Gr. M), hartgekocht

Zubereitung:

1. Für die Grüne Sauce Dickmilch und Sauerrahm in einer Schüssel vermengen. Die Milch zum Verdünnen dazugeben und mit Pfeffer, Salz, Zucker, Senf, Öl und Weißweinessig abschmecken.

2. Alle frischen Kräuter waschen, trocken tupfen und mit einem (Wiege-) Messer fein hacken. Unbedingt mit einem Messer arbeiten, damit der Geschmack der Kräuter erhalten bleibt. Danach in die Sauce geben.

3. Die hartgekochten Eier mit dem Eierschneider in Würfel schneiden und in die Sauce geben. Es sollte gut untergerührt werden, bis die Eidotterwürfel zerfallen und die Sauce eine leicht gelbliche Farbe bekommt.

4. Damit sich der Geschmack richtig entfalten kann, sollte die Grüne Sauce vor dem Servieren mehrere Stunden im Kühlschrank kaltgestellt werden.

5. Die Lachsfilets waschen und trocken tupfen. Mit ein wenig Olivenöl einreiben.

6. Die Lachsfilets im **Programm Fisch** grillen und anschließend mit Salz und Pfeffer würzen. Dazu die Grüne Sauce reichen.

TIPP:
Dazu schmecken Salzkartoffeln.

POMMERSCHE ENTENBRUST
gegrillt mit Wruken

Mecklenburg-Vorpommern

4 Personen | 45 Min. Vorbereitung | ca. 15 Min. Grillzeit

Zutaten für die Entenbrust:

4 Entenbrustfilets à 200 g

Zutaten für die Wruken:

1 kg Steckrüben

1 EL Butter

2 Zwiebeln

1 Knoblauchzehe

Salz, Pfeffer und Majoran nach Geschmack

125 ml Fleischbrühe

Zubereitung:

1. Steckrüben schälen und in Stifte schneiden.

2. Butter in einer hohen Pfanne erhitzen und die Steckrübenstifte darin anbraten.

3. Währenddessen Zwiebeln in Würfel schneiden und Knoblauch pressen.

4. Die Zwiebeln und den Knoblauch zu den Steckrüben geben und schmoren, bis die Zwiebeln glasig sind.

5. Mit Salz, Pfeffer und Majoran würzen.

6. Die Fleischbrühe in die Pfanne gießen und 10–15 Minuten köcheln lassen.

7. Die Fettschicht der Entenbrustfilets kreuzförmig einritzen.

8. Die Entenbrustfilets im **Programm Steak** knusprig grillen. Anschließend Ente und Wruken mit Salz und Pfeffer würzen und servieren.

> **TIPP:**
> Die Steckrübe wird in Norddeutschland Wruke genannt. Ein traditionelles Gemüse, das gerne für Eintöpfe oder wie hier als geschmorte Beilage serviert wird.

ROSTOCKER BRATWURST
mit Buttermilchkartoffeln

4 Personen 25 Min. Vorbereitung ca. 20 Min. Grillzeit

Zutaten für die Bratwurst:

4 Rostocker Bratwürste ohne Darm

Zutaten für die Buttermilchkartoffeln:

1 kg Kartoffeln, festkochend

2 Zwiebeln

1 Lorbeerblatt

150 g Speck, fett, gewürfelt

1 EL Mehl

1 l Buttermilch

Zubereitung:

1. Für die Buttermilchkartoffeln Kartoffeln und Zwiebeln schälen und würfeln. Die Hälfte der Zwiebeln mit den Kartoffeln und einem Lorbeerblatt in einem Topf mit Wasser ca. 20 Minuten garkochen.

2. In der Zwischenzeit den Speck in einer Pfanne auslassen und die andere Hälfte der Zwiebeln darin braten.

3. Die Kartoffeln abgießen, dabei das Garwasser auffangen und das Lorbeerblatt entfernen.

4. Das Fett aus der Pfanne in einen Topf geben und mit Mehl abstäuben. Mit dem Garwasser die Mehlschwitze ablöschen.

5. Die Buttermilch zu der Mehlschwitze geben und aufkochen. Kartoffeln, Speck und Zwiebeln unter die Buttermilchsauce mischen.

6. Die Bratwürste im **Programm Wurst** goldbraun grillen.*

7. Die Bratwürste mit den Buttermilchkartoffeln servieren.

* Siehe Hinweis Seite 10

BREMER KNIPP
mit Bratkartoffeln

Niedersachsen & Bremen

4 Personen | 55 Min. Vorbereitung | ca. 10 Min. Grillzeit

Zutaten für den Knipp:

1 kg Bremer Knipp

Zutaten für die Bratkartoffeln:

600 g Kartoffeln, festkochend

1 Zwiebel

Bratöl

Salz und Pfeffer

optional Paprikapulver, edelsüß

TIPP:
Knipp ist eine Grützwurst, die früher als „Arme-Leute-Essen" galt, da sie ihren Ursprung in der Verwertung von Schlachtresten hat.

Zubereitung:

1. Für die Bratkartoffeln die Kartoffeln schälen, in mundgerechte Stücke schneiden und kurz in kaltes Wasser legen. Auf diese Weise kann die Stärke austreten und die Bratkartoffeln werden besonders knusprig.

2. Das Öl in einer großen Bratpfanne auf der höchsten Stufe erhitzen, die Kartoffelstücke durch ein Sieb abgießen und in die heiße Pfanne geben. Sofort die Pfanne mit einem Deckel verschließen und die Kartoffeln etwa 5 Minuten braten. Jetzt den Deckel heben und die Kartoffeln das erste Mal wenden, anschließend immer wieder wenden. Die Hitze, falls notwendig, reduzieren und nach jedem Wenden den Deckel wieder auf die Pfanne setzen. Auf diese Weise die Kartoffeln unter Aufsicht etwa 35 Minuten braten.

3. In der Zwischenzeit die Zwiebel in Würfel schneiden. 10 Minuten vor Ende der Garzeit die Zwiebelwürfel zu den Kartoffeln in die Pfanne geben, ohne sie mit den Kartoffeln zu vermischen. Die Zwiebeln etwa 5 Minuten in der geschlossenen Pfanne dünsten und danach erst mit den Kartoffeln vermischen. Dann den Deckel abnehmen und noch etwa 5 Minuten offen braten. Die fertigen Bratkartoffeln nach Geschmack salzen und pfeffern. Optional mit Paprikapulver abschmecken.

4. Den Knipp in dicke Scheiben schneiden. Die Grillplatten des OptiGrills mit einem Pinsel leicht ölen. Den Knipp im **Programm Vorgegarte Wurst** goldbraun grillen. Alternativ: 8 Minuten im **Programm Manuell/Orange**.

Zutaten für die Entenbrust:

4 Entenbrustfilets à 200 g

Salz

Pfeffer

Zutaten für den Rotkohl:

750 g Rotkohl

1 Zwiebel

3 ganze Nelken

1 säuerlicher Apfel, z. B. Boskop

2 EL Zucker + etwas Zucker zum Abschmecken

2 EL Apfelessig, alternativ: roter oder weißer Balsamico + etwas Essig zum Abschmecken

2 Lorbeerblätter

50 ml roter Traubensaft, alternativ Rotwein

50 g Butterschmalz

1 Prise Salz + etwas Salz zum Abschmecken

optional 1 EL Speisestärke zum Andicken

Zutaten für die Portwein-Zwiebel-Sauce:

100 g rote Zwiebeln

2 EL Butter

2 EL brauner Zucker

200 ml roter Portwein

200 ml Gemüsebrühe

2 Lorbeerblätter

10 g Speisestärke, in etwas Wasser angerührt

Salz

Pfeffer

1 EL Butter, eiskalt

Zubereitung:

1. Für den Rotkohl die äußeren Blätter des Rotkohls entfernen, den Rotkohl vierteln und den Strunk keilförmig herausschneiden.

2. Die Rotkohlviertel in 3–5 mm breite Streifen schneiden oder hobeln.

3. Zwiebel schälen und mit den Nelken spicken. Den Apfel waschen, entkernen und in feine Würfel schneiden.

4. In einem großen Topf Butterschmalz erhitzen und darin die Apfelwürfel mit 2 EL Zucker 1–2 Minuten andünsten.

5. Den geschnittenen Rotkohl in den Topf dazugeben und sofort 2 EL Apfelessig oder Balsamico unterrühren.

6. 300 ml Wasser hinzufügen, ebenso die mit Nelken bespickte Zwiebel, die Lorbeerblätter und das Salz und alles miteinander verrühren. Mit Deckel bei mittlerer Hitze ca. 45 Minuten weich dünsten, dabei gelegentlich umrühren. Wenn das Gemüse nach Ende der Garzeit noch zu knackig ist, einige Minuten weiter dünsten.

7. Die mit Nelken gespickte Zwiebel und die Lorbeerblätter entfernen und den Rotkohl nach Belieben mit Traubensaft oder Rotwein, Salz, Zucker und teelöffelweise Essig abschmecken. Optional kann die Flüssigkeit im Topf angedickt werden. Hierfür 1 EL Speisestärke mit 1 EL Wasser glattrühren und zum Rotkohl dazugeben. Zum Andicken alles einmal aufkochen lassen.

8. Für die Sauce die roten Zwiebeln in kleine Würfel schneiden, 2 EL Butter in eine heiße Pfanne geben und die Zwiebelwürfel darin anschwitzen.

9. Die Zwiebelwürfel mit dem braunen Zucker glasieren und mit 50 ml Portwein ablöschen. 1 Minute köcheln lassen.

10. Dann die Gemüsebrühe und das Lorbeerblatt hinzugeben. Weitere 15 Minuten köcheln lassen.

11. Anschließend das Lorbeerblatt entnehmen und mit Salz und Pfeffer abschmecken.

12. Zum Eindicken der Sauce die Speisestärke mit dem restlichen Portwein verrühren und in die Sauce geben.

13. Die Sauce aufkochen lassen und zum Schluss die eiskalte Butter unterrühren.

14. Die Fettschicht der Entenbrustfilets kreuzförmig einritzen. Die Entenbrustfilets im **Programm Steak** knusprig grillen. Anschließend mit Salz und Pfeffer würzen und die Filets in Streifen schneiden.

15. Die Entenbrust mit Rotkohl und Portwein-Zwiebel-Sauce anrichten.

4 Personen 1 Std. 45 Min. Vorbereitung ca. 10 Min. Grillzeit

Zutaten für den Pinkel:

4 Stück Pinkel (geräucherte, grobe Grützwurst)

Zutaten für den Grünkohl:

1 kg Grünkohl

2 Zwiebeln

¾ EL Butterschmalz

240 ml Fleisch- oder Gemüsebrühe

Salz, Pfeffer, Zucker nach Belieben

Optional: ca. 3 EL Haferflocken, zart

Zubereitung:

1. Grünkohl putzen, Blätter von den dicken Blattrippen und Stielen zupfen und gründlich waschen.

2. In kochendem Salzwasser die Grünkohlblätter portionsweise 2–3 Minuten blanchieren. Anschließend mit einer Schöpfkelle herausnehmen, mit kaltem Wasser abschrecken und in einem Sieb abtropfen lassen.

3. Den blanchierten Grünkohl grob hacken, die Zwiebeln schälen und würfeln. Anschließend das Butterschmalz in einem großen Topf erhitzen und die Zwiebelwürfel darin glasig andünsten. Den Grünkohl zugeben und unterrühren, dann 400 ml Fleisch- oder Gemüsebrühe zugießen und aufkochen.

4. Den Grünkohl zugedeckt ca. 1 ½ Stunden kochen, dabei ab und zu umrühren. Gegebenenfalls etwas heißes Wasser zugießen, damit das Gemüse nicht anbrennt. Nach Ende der Garzeit mit Salz, Pfeffer und Zucker nach Belieben abschmecken.

5. Pinkel im **Programm Wurst** grillen.*

6. Gegrillte Pinkel mit Grünkohl servieren.

TIPP:

Wer den Grünkohl zusätzlich andicken möchte, kann ca. 10 Minuten vor Ende der Garzeit Haferflocken dazugeben. Pro Kilogramm Grünkohl nimmt man etwa 3 EL zarte Haferflocken.

BAUCHSPECK WESTFÄLISCH
mit Suure Kappes

Nordrhein-Westfalen

4 Personen | 10 Min. Vorbereitung | ca. 20 Min. Grillzeit

Zutaten für das Bauchfleisch:

8 dünne Scheiben Bauchfleisch

Zutaten für die Marinade:

3 EL grobes Meersalz
1 EL Pfeffer
2 EL Paprika, edelsüß
2 TL Oregano, getrocknet
1 TL Thymian, getrocknet
1 TL Knoblauchgranulat
½ TL Chiliflocken
2 TL Tomatenmark
140 ml Olivenöl

Zutaten für den Suure Kappes:

50 g fetter Speck
1 Dose Sauerkraut, 850 g
2–4 Wacholderbeeren
250 ml Fleischbrühe

Zubereitung:

1. Für die Marinade alle Gewürze mit dem Öl vermischen und die Bauchfleischscheiben rundherum mit der Marinade einstreichen.

2. Für den Suure Kappes Speck fein würfeln und in einer Pfanne ohne zusätzliches Fett auslassen. Sauerkraut dazugeben und kräftig anbraten.

3. Wacholderbeeren und Fleischbrühe hinzufügen und 20 Minuten lang schmoren lassen.

4. Bauchfleisch im **Programm Wurst oder Schwein**, je nach OptiGrill, knusprig grillen, bis die Farbe Rot angezeigt wird.

5. Den Suure Kappes auf 4 Teller verteilen und mit jeweils 2 Bauchspeckscheiben anrichten.

TIPP:
Dazu passen Röggelchen!

BERGISCHE WAFFELN
am Spieß mit Früchten

Nordrhein-Westfalen

4 Personen | 10 Min. Vorbereitung | ca. 4 Min. Grillzeit

Zutaten für den Waffelteig:

25 g weiche Butter
15 g Zucker
½ TL Vanillezucker
1 Prise Salz
1 Ei (Gr. M)
50 g Mehl
1 Prise Backpulver
35 ml Buttermilch
½ TL flüssiger Honig

Zutaten für die Spieße:

2 selbstgebackene Waffeln
2 Handvoll Obst nach Wahl (z. B. Erdbeeren, Kiwi, Trauben, Ananas, Bananen)
Puderzucker zum Garnieren

Zubereitung:

1. Für den Teig Butter mit Zucker, Vanillezucker und Salz mit einem Rührgerät schaumig rühren. Das Ei dazugeben und untermischen. Mehl und Backpulver mischen. Mehlmischung und Buttermilch abwechselnd untermischen. Anschließend den Honig unterrühren.

2. Eine Kelle Teig in das vorgeheizte Waffeleisen geben und insgesamt 2 Waffeln backen.

3. Für die Spieße die gebackenen Waffeln in mundgerechte Stücke schneiden. Das Obst waschen, ggf. schälen und in Stücke schneiden. Waffel- und Obststücke abwechselnd auf Spieße stecken. 4 Minuten im **Programm Manuell/ Grün** grillen.

4. Die fertigen Spieße auf Teller geben und mit Puderzucker bestäuben.

TIPP:
Wenn ein OptiGrill-Waffelaufsatz vorhanden ist, können die Waffeln, statt im Waffeleisen, auch auf dem OptiGrill zubereitet werden. Das geht so: 1 Kelle Teig auf das obere Drittel des vorgeheizten OptiGrill geben und im **Programm Manuell/Orange** ca. 3 Minuten goldbraun backen. Mit dem restlichen Teig genauso verfahren. Die Teigmenge ergibt 2 Waffeln.

Tefal

SCHWEINEKOTELETTS
mit Schnippelbohnen und Sauce

4 Personen | 20 Min. Vorbereitung | ca. 5 Min. Grillzeit

Zutaten für die Koteletts:

4 Schweinekoteletts à ca. 250 g
Salz und Pfeffer

Zutaten für die Schnippelbohnen mit Sauce:

600 g Schnittbohnen
2 Prisen Bohnenkraut, getrocknet
60 g Butter
2 EL Speck, durchwachsen, in Würfeln
1 Zwiebel, gewürfelt
2 EL Mehl
250 ml Milch
Muskat
Salz und Pfeffer
1 Bund Petersilie, gehackt

Zubereitung:

1. Die Bohnen waschen, putzen und in feine Stücke schneiden. Salzwasser mit Bohnenkraut aufkochen, die Bohnen zugeben und ca. 10 Minuten kochen. Abgießen und das Kochwasser auffangen.

2. Butter in einem Topf schmelzen und Speckwürfel und Zwiebel darin glasig dünsten. Das Mehl zugeben und anschwitzen. ¼ l Kochwasser abmessen und unter Rühren zugießen. Die Milch unterrühren und die Sauce 10 Minuten bei kleinster Hitze köcheln. Die Bohnen zufügen und erhitzen. Mit Muskat, Salz und Pfeffer abschmecken und mit Petersilie bestreut servieren.

3. Währenddessen die Schweinekoteletts im **Programm Steak** grillen. Dabei darauf achten, dass das Fleisch durchgegart ist.

4. Die Schweinekoteletts mit Salz und Pfeffer würzen und mit Bohnen und Sauce anrichten.

HOORISCHE KARTOFFELSPATZEN

Rheinland-Pfalz

4 Personen | 40 Min. Vorbereitung | ca. 7 Min. Grillzeit

Zutaten:

600 g rohe Kartoffeln, mehligkochend

500 g gekochte Kartoffeln, mehligkochend

125 g Semmelbrösel

3 Eier (Gr. M)

3 EL Mehl

1 Prise Salz

1 Prise Muskat

2 EL Olivenöl

Geschmolzene Butter und Saure Sahne zum Servieren

Zubereitung:

1. Die rohen Kartoffeln schälen, grob reiben und die Flüssigkeit gut aus der Masse pressen. Die gekochten Kartoffeln ebenfalls grob reiben. Beide Kartoffelmassen mit Semmelbröseln, Eiern, Mehl, Salz und Muskat gut durchmischen und 5 Minuten ziehen lassen.

2. In einem großen Topf ausreichend Wasser zum Kochen bringen. Aus der Kartoffelmasse längliche Spatzen formen und im siedenden, nicht mehr kochendem Wasser, 20 Minuten ziehen lassen.

3. Die Spatzen abschöpfen. Die Grillplatten des OptiGrills mit einem Pinsel leicht ölen. Die Spatzen auf den Grillplatten verteilen und im **Programm Manuell/Orange** 7 Minuten grillen.

4. Die Kartoffelspatzen mit geschmolzener Butter übergießen und mit einem Klecks Saurer Sahne servieren.

TIPP:

Hoorische bedeutet so viel wie „Haarige" Kartoffeln, da diese Knödelform eher grob gerieben und nicht glatt ist. Hierzu passen Sauerkraut und ein kühler Weißwein.

TIPP:

Wer die Form der Spatzen beim Grillen beibehalten möchte, kann sie auch im offenen OptiGrill im **Programm Manuell/Rot** unter Wenden 12–15 Min. grillen.

GRILLBROT
mit Spundekäs'

Rheinland-Pfalz

4 Personen 10 Min. Vorbereitung + evtl. Ziehzeit über Nacht ca. 10 Min. Grillzeit

Zutaten für das Grillbrot:

8 Scheiben Bauernbrot
Olivenöl

Zutaten für den Spundekäs':

250 g weiche Butter
600 g Frischkäse
750 g Quark, 40 % Fett
2 Knoblauchzehen
etwas Salz und Pfeffer
5 TL Paprikapulver, edelsüß

Zubereitung:

1. Weiche Butter, Frischkäse und Quark mit dem Mixer möglichst kurz vermischen, bis sich alle Zutaten miteinander verbunden haben.

2. Die Knoblauchzehen schälen, klein hacken und unter die Masse heben. Mit Salz, Pfeffer und Paprikapulver würzen, sodass der Spundekäs' eine leicht hellrote Farbe bekommt.

3. Brothälften von außen mit Olivenöl einpinseln.

4. Untere Brothälfte mit dem Spundekäs' bestreichen und mit der oberen Brothälfte belegen.

5. Das **Programm Panini** auswählen, das Sandwich goldbraun grillen und zum Servieren diagonal teilen.

TIPP:
Am besten schmeckt der Spundekäs', wenn er über Nacht im Kühlschrank durchgezogen ist.

Saarland

SAARLÄNDISCHES LANDBROT
mit Eierschmeer

4 Personen | 5 Min. Vorbereitung | ca. 10 Min. Grillzeit

Zutaten für die Eierschmeer:

120 g geräucherter Speck, in Würfeln
4 Eier (Gr. M)
4 EL Mehl
etwas Milch
Salz
Muskat
8 Scheiben Saarländisches Landbrot (Zubereitung siehe rechts)
4 EL Olivenöl

Zutaten für das Saarländische Landbrot:

½ Würfel Frischhefe
390 ml handwarmes Wasser
10 g Rohrohrzucker
375 g Weizenmehl, Type 550
190 g Roggenmehl, Type 1150
10 g Honig
1 EL Sonnenblumenöl
15 g Meersalz
½ TL Brotgewürz
1 EL Leinsamen, nach Geschmack

Zubereitung:

1. Für die Eierschmeer den Speck in der Pfanne ohne Fett knusprig braten.
2. Eier, Mehl, Milch, Salz und Muskat in einem Rührbecher verquirlen und die Eiermischung zum Speck in die Pfanne geben. Die Eiermischung leicht stocken lassen.
3. Brotscheiben in Hälften schneiden und mit Öl einpinseln.
4. Eierschmeer auf 4 Brothälften verteilen und jeweils eine weitere Brothälfte obendrauf geben.
5. Das **Programm Panini** auswählen, das Sandwich goldbraun grillen und servieren.

Zubereitung des Saarländischen Landbrotes:

1. Für die Zubereitung des Landbrots Hefe zerbröseln und in einer Schüssel mit 40 ml handwarmem Wasser und Rohrohrzucker auflösen. Die Hefemischung 30 Minuten ruhen lassen.

2. Die restlichen 350 ml Wasser, Weizen- und Roggenmehl, Honig, Öl, Meersalz, Brotgewürz und Leinsamen gemeinsam mit der gequollenen Hefe in eine Küchenmaschine geben und rund 10 Minuten zu einem geschmeidigen Teig verkneten. Der Teig sollte sich am Ende vom Schüsselrand lösen. Sonst ruhig ein wenig länger kneten.

3. Den Teig in eine Schüssel umfüllen und abgedeckt, an einem warmen Ort, 1 Stunde ruhen lassen, bis er sein Volumen verdoppelt hat.

4. Am Ende der Ruhezeit den Backofen auf 220 °C Ober-/Unterhitze vorheizen.

5. Teig zu einem runden Brotlaib formen und auf ein mit Backpapier belegtes Backblech geben. Das Backblech abdecken und das Brot für weitere 40 Minuten ruhen lassen.

6. Den Brotlaib nach der Ruhezeit kreuzweise einschneiden. Eine ofenfeste Schüssel mit Wasser füllen und diese auf den Boden des Ofens stellen. Das Brot auf mittlerer Schiene im vorgeheizten Backofen 40 Minuten backen, bis die Kruste goldbraun ist.

Saarland

SCHWENKBRATEN-KOTELETTS

mit Kartoffelstampf

4 Personen 40 Min. Vorbereitung + 8 Std. Marinierzeit ca. 5 Min. Grillzeit

Zutaten für die Koteletts:

4 Schwenkbraten-Koteletts

Salz, Pfeffer und Paprikapulver

1 Knoblauchzehe

1 Zwiebel

ca. 400 ml Bier, z. B. Urpils von Karlsberg

Zutaten für den Kartoffelstampf:

700 g Kartoffeln, mehligkochend

200 ml Milch

⅔ EL Butter

⅔ TL Fondor

⅓ TL Muskat

1 ½ TL Salz

Zubereitung:

1. Fleisch trocken tupfen und mit Salz, Pfeffer und Paprikapulver einreiben.

2. Knoblauchzehe klein schneiden. Zwiebel in Ringe schneiden.

3. Ein Kotelett in eine Schale geben und mit der Hälfte der Zwiebelringe und des Knoblauchs bedecken. Das zweite Kotelett obendrauf geben. Den Rest Zwiebeln, Knoblauch und Koteletts genauso stapeln. Die Koteletts mit Bier übergießen, sodass sie gut damit bedeckt sind und in der Marinade 8 Stunden ziehen lassen.

4. Kartoffeln schälen, klein schneiden und 25 Minuten kochen.

5. Wenn die Kartoffeln gar sind, abgießen und Milch, Fondor, Butter und Muskat hinzugeben.

6. Die Kartoffeln gut stampfen, sodass ein Püree entsteht.

7. Nach Belieben mehr Milch hinzugeben und zum Schluss mit Salz abschmecken.

8. Die Koteletts aus der Marinade nehmen und im **Programm Steak** grillen. Dabei darauf achten, dass das Fleisch durchgegart ist.

9. Die Koteletts zusammen mit dem Kartoffelstampf anrichten.

VOGTLÄNDER BAMBES

4 Personen | 35 Min. Vorbereitung | ca. 10–12 Min. Grillzeit

Zutaten:

1 kg Kartoffeln, mehligkochend

1 Zwiebel

200 ml Buttermilch

1 Prise Salz

1 Prise Pfeffer

2 EL Olivenöl

Zubereitung:

1. Die Kartoffeln waschen und schälen. Die Zwiebel fein hacken.

2. 500 g Kartoffeln in einen Topf mit Salzwasser geben, aufkochen lassen und die Kartoffeln dann bei mittlerer Hitze 20 Minuten kochen.

3. In der Zwischenzeit die restlichen 500 g Kartoffeln reiben. Die geriebenen Kartoffeln gut ausdrücken.

4. Nach der Kochzeit die gegarten Kartoffeln abgießen und durch eine Kartoffelpresse drücken.

5. Beide Kartoffelmassen, Zwiebeln, Buttermilch, Salz und Pfeffer gründlich vermischen.

6. Die Grillplatten des OptiGrills mit einem Pinsel leicht ölen und aus dem Teig Puffer formen. Die Puffer portionsweise auf die Grillplatten geben und 17 Minuten im **Programm Manuell/ Orange** grillen.

7. Die Puffer auf Teller geben und z. B. mit Apfelmus servieren.

TIPP:
Letztlich sind die Bambes nichts anderes als Kartoffelpuffer. Sie sind aus der vogtländischen Küche nicht wegzudenken. Die Bambes kommen pur auf den Tisch, mit Apfelmus, mit Quark, mit Pilzen, mit Lachs oder auch einfach als Beilage zu den saucenreichen vogtländischen Hauptspeisen.

SCHWEINERIPPCHEN gegrillt, mit Bautzner Senfglasur

Sachsen

4 Personen | 2 Std. Vorbereitung | ca. 15 Min. Grillzeit

Zutaten:

1 kg Schweinerippchen
2 EL Chilipulver
2 EL Senfpulver
1 EL Zwiebelpulver
1 EL Knoblauchpulver
Salz und Pfeffer
50 ml Barbecue-Sauce
1 EL Bautzner Senf
50 g Aprikosenmarmelade, glattgerührt

Zubereitung:

1. Die Rippchen waschen und trocken tupfen. 2 Liter Wasser in einem großen Topf aufkochen und die Rippchen bei schwacher Hitze 1 ½ Stunden weichkochen lassen.

2. Chilipulver, Senfpulver, Zwiebelpulver, Knoblauchpulver, Salz und Pfeffer in einer Schüssel vermischen. Das Fleisch nach dem Kochen trocken tupfen, mit der Gewürzmischung einreiben und 30 Minuten ziehen lassen.

3. Währenddessen Barbecue-Sauce, Senf und Marmelade in einen kleinen Topf geben. Vermischen und einmal aufkochen lassen, damit sich eine geschmeidige Glasur ergibt.

4. Die Rippchen mit einem Teil der Glasur einstreichen. Die Rippchen im **Programm Schweinefleisch** grillen, bis die Kontrollleuchte rot aufleuchtet. Die Rippchen mit der restlichen Marinade servieren.

TIPP:
Dazu passen z. B. Ofenkartoffeln.

SALZWEDELER BAUMKUCHENSPIESS
mit Schokoladensauce

Sachsen-Anhalt

4 Personen ca. 60 Min. Vorbereitung ca. 5 Min. Grillzeit

Zutaten:

Baumkuchen in Würfeln (siehe Zubereitung rechts)

2 Handvoll Obst nach Wahl (z. B. Bananen, Trauben, Kiwi oder Erdbeeren)

200 ml Schlagsahne

200 g Vollmilchschokolade

Zutaten für den Baumkuchen:

4 Eiweiß, Größe M

200 g weiche Butter oder Margarine

200 g Zucker

1 Packung Vanillinzucker

1 Prise Salz

1 Ei, Größe M

4 Eigelb, Größe M

50 ml Rum

125 g Weizenmehl

75 g Speisestärke

2 gestr. TL Backpulver

Zubereitung:

1. Den gebackenen Baumkuchen in Würfel schneiden. Das Obst waschen, ggf. schälen und in Stücke schneiden.

2. Baumkuchenwürfel und Obst abwechselnd auf Spieße stecken. Die Spieße 4 Minuten im **Programm Manuell/Grün** grillen.

3. Währenddessen für die Schokosauce Sahne erhitzen und die Schokolade in Stücken in der Sahne schmelzen. Die Sauce glattrühren, bis sich die Schokolade komplett aufgelöst hat.

4. Die Baumkuchenspieße mit der Schokosauce übergießen und servieren.

TIPP:
Zum Steifschlagen von Eiweiß müssen Schüsseln und Rührstäbe absolut fettfrei sein und es darf keine Spur von Eigelb im Eiweiß sein.

Zubereitung des Baumkuchens:

1. Den Backofen auf Grillstufe einstellen. Eine Kastenform fetten und den Boden mit Backpapier auslegen.

2. Die Eier trennen. Eiweiß in einer separaten Schüssel steif schlagen.

3. Butter oder Margarine in einer Rührschüssel mithilfe eines Mixers geschmeidig rühren. Unter ständigem Rühren nach und nach Zucker, Vanillinzucker und Salz hinzufügen, bis eine geschmeidige Masse entsteht. Das Ei auf höchster Stufe ca. ½ Minute einrühren, Eigelb und Rum nach und nach unterrühren. Mehl, Speisestärke und Backpulver vermischen, sieben und in 2 Portionen unter den Teig rühren. Den Eischnee locker unter den Teig heben.

4. 2 gehäufte EL Teig gleichmäßig auf dem Boden der vorbereiteten Kastenform verstreichen. Die Form auf dem Rost in den Ofen (Mitte) schieben, bis die Oberfläche leicht gebräunt, aber nicht zu dunkel ist. Grillzeit pro Schicht: etwa 2 Minuten. Die Form wieder aus dem Backofen nehmen (Achtung, heiß!) und für die zweite Schicht wieder 2 EL Teig auf der gebackenen Schicht verteilen und grillen. So fortfahren, bis der Teig verbraucht ist.

5. Den fertig gebackenen Kuchen mithilfe eines Messers vorsichtig vom Rand lösen und den Kuchen auf ein Kuchengitter stürzen. Das Backpapier abziehen und den Kuchen abkühlen lassen.

6. Den Kuchen in dicke Scheiben und dann nach Belieben in Stangen oder Würfel schneiden.

TOTE OMA
mit Zwiebel-Speck-Sauce und Salat

Sachsen-Anhalt

4 Personen | 15 Min. Vorbereitung | ca. 8 Min. Grillzeit

Zutaten für die Tote Oma:

800 g Blutwurst
Öl

Zutaten für die Zwiebel-Speck-Sauce:

200 g Grüner Speck
2 Zwiebeln
260 ml Fleischbrühe
150 g Schmand
2 Prisen Majoran
2 Prisen Thymian
Salz und Pfeffer
Mehl zum Andicken

Zutaten für den Salat:

1 Kopf grüner Salat
1 Salatgurke
2 rote Paprika
1 kleine Dose Mais, Abtropfgewicht 150 g
2 Tomaten

Zutaten für die Salatsauce:

1 Handvoll Kräuter: Petersilie und Schnittlauch
50 g Rapsöl
50 g Weißweinessig
75 g Wasser
50 g Saure Sahne
25 g Schmand
1 TL Senf
Salz und Pfeffer

TIPP:
Die Tote Oma – ein Klassiker aus der DDR! Eigentlich wird die Blutwurst traditionell in der Pfanne mit Speck und Zwiebel gebraten, bis sie zu Brei zerfällt. Wir haben das Rezept speziell für den OptiGrill etwas angepasst.

Zubereitung:

1. Für die Sauce den Speck würfeln und in einer Pfanne ohne Fett ausbraten. Die Zwiebeln schälen und würfeln. Die Zwiebelwürfel mit in die Pfanne geben und dünsten, bis sie glasig sind. Dann mit der Brühe ablöschen und aufkochen lassen. Die Sauce 5 Minuten köcheln lassen. Den Schmand und die Gewürze einrühren. Wenn die Sauce nicht dick genug ist, etwas Mehl zum Andicken dazugeben.

2. Für den Salat die Blätter des grünen Salates gründlich waschen und in mundgerechte Stücke schneiden oder zupfen. Die Gurke waschen und würfeln. Die Tomaten waschen, entstielen und in Spalten schneiden. Die Paprika waschen, entkernen und würfeln. Den Mais abtropfen lassen. Alle Zutaten in eine große Salatschüssel geben.

3. Für die Salatsauce die Kräuter waschen und hacken. Kräuter in einer Schüssel mit Öl, Essig, Wasser, Saurer Sahne, Schmand und Senf verrühren und mit Salz und Pfeffer abschmecken. Die Salatsauce gründlich unter den Salat mischen.

4. Die Blutwurst in 2 cm dicke Scheiben schneiden. Die Grillplatten des OptiGrills mit einem Pinsel leicht ölen. Die Blutwurstscheiben im **Programm Vorgegarte Wurst** goldbraun grillen. Alternativ: 8 Minuten im **Programm Manuell/Orange**

5. Die Blutwurst mit Sauce und Salat anrichten.

DEICHLAMMFILET
mit grünen Bohnen und Johannisbeer-Balsamico-Sauce

Schleswig-Holstein & Hamburg

4 Personen | 20 Min. Vorbereitung | ca. 5 Min. Grillzeit

Zutaten für das Lammfilet:

800 g Lammfilet

Olivenöl

Salz und Pfeffer

Zutaten für die grünen Bohnen:

500 g grüne Bohnen

1 Handvoll Bohnenkraut

8 dünne Scheiben Speck

Zutaten für die Balsamico-Sauce:

1 Zwiebel

200 ml Lammfond
oder anderer Fleischfond

3 EL dunkler Balsamico-Essig

1 TL Speisestärke,
in etwas Wasser angerührt

1 EL Johannisbeergelee

Zubereitung:

1. Bohnen waschen und Enden abschneiden. Bohnenkraut waschen und abtropfen lassen.

2. Wasser in einem Topf zum Kochen bringen. Bohnen mit Bohnenkraut im kochenden Wasser 7 Minuten garen.

3. Die Bohnen abgießen. Jeweils eine Handvoll Bohnen mit einer Scheibe Speck umwickeln. Die Bohnenpäckchen in einer heißen Pfanne mit Öl knusprig braten.

4. Für die Sauce die Zwiebel klein würfeln. Die Zwiebel in einem Topf mit Öl anbraten. Mit Fond und Balsamico-Essig ablöschen und 3 Minuten köcheln lassen. Speisestärke unterrühren und die Sauce nochmal aufkochen lassen. Die gebundene Sauce mit Gelee, Salz und Pfeffer abschmecken.

4. Das Lammfilet im **Programm Lamm** grillen. Alternativ im **Programm Steak** .

5. Das Lammfilet zusammen mit den Bohnenpäckchen und der Sauce servieren.

TIPP:
Dazu passen Röstkartoffeln.

HAMBURGER PANNFISCH
mit Bratkartoffeln

4 Personen | 50 Min. Vorbereitung | ca. 10 Min. Grillzeit

Zutaten für den Pannfisch:

800 g Seelachsfilet
4 EL Mehl

Zutaten für die Bratkartoffeln:

750 g Kartoffeln, festkochend
2 EL Öl
70 g geräucherte Speckwürfel
½ Zwiebel

Zutaten für die Senfsauce:

½ Zwiebel
2 EL Butter
1 EL Mehl
250 ml Milch
100 g Sahne
2 EL mittelscharfer Senf
2 TL körniger Senf
Salz, Pfeffer und Zucker

Zubereitung:

1. Für die Bratkartoffeln die Kartoffeln waschen, in einen Topf mit Wasser geben und 20 Minuten garen. Die gegarten Kartoffeln abgießen, pellen und in Scheiben schneiden.

2. Die Zwiebel würfeln. Butter in einem kleinen Topf erhitzen und die Hälfte der Zwiebelwürfel darin andünsten. Mit 1 EL Mehl bestäuben und kurz anschwitzen. Mit Milch und Sahne ablöschen und aufkochen lassen. Die Sauce 5 Minuten köcheln lassen. Dann mit Senf, Salz, Pfeffer und Zucker abschmecken. Die Sauce warmhalten.

3. Öl in einer Pfanne erhitzen und darin die Kartoffelscheiben, die restlichen Zwiebelwürfel und die Speckwürfel ca. 15 Minuten zu knusprigen Bratkartoffeln braten. Mit Salz und Pfeffer würzen.

4. Den Fisch waschen, trocken tupfen und in 4 EL Mehl wenden. Die Fischfilets im **Programm Fisch** grillen.

5. Gegrillte Fischfilets mit Bratkartoffeln und Senfsauce servieren.

TIPP:
Dazu passt Gurkensalat.

GEGRILLTE GRÜNE HERINGE

Schleswig-Holstein & Hamburg

4 Personen 5 Min. Vorbereitung + 4 Std. Ruhezeit ca. 10 Min. Grillzeit

Zutaten für die grünen Heringe:

4 grüne Heringe, frisch, küchenfertig
300 ml Zitronensaft
Salz
Pfeffer
3–4 EL Mehl + Mehl zum Wenden
4 EL Öl zum Braten

Zutaten für die Sauce:

100 g Schlagsahne
3 EL mittelscharfer Senf
Salz
1 Prise Zucker

Zubereitung:

1. Die Heringe unter kaltem Wasser von innen und außen abspülen. Trocken tupfen und die Heringe aufklappen. Sichtbare Gräten mit einer Pinzette entfernen.

2. Die Heringe in eine verschließbare Dose legen und den Zitronensaft dazugeben. Die Heringe für 4 Stunden im Zitronensaft ruhen lassen.

3. Nach der Ruhezeit die Heringe aus dem Zitronensaft nehmen, trocken tupfen und von allen Seiten mit Salz und Pfeffer würzen. Die Heringe in etwas Mehl wenden. **Programm Fisch** auswählen und die Heringe bis zum Ende der Stufe Gelb, ca. 2 Min., knusprig grillen.

4. In der Zwischenzeit die Senfsauce zubereiten. Dafür Sahne und Senf kalt verrühren und mit Salz und Zucker würzen. Die Sauce zum fertig gegrillten Fisch reichen.

TIPP:
Dazu passen z. B. Bratkartoffeln oder Salzkartoffeln.

Thüringen

THÜRINGER ROSTBRATWURST
mit Schmand-Sauerkraut

4 Personen | 45 Min. Vorbereitung | ca. 20 Min. Grillzeit

Zutaten für die Rostbratwurst:

4 Thüringer Rostbratwürste

Zutaten für das Schmand-Sauerkraut:

700 g Sauerkraut, frisch
80 g Butter
40 g Zucker
100 g Zwiebel, fein gewürfelt
2 TL Kümmel, gekörnt
800 ml Fleischbrühe
2 kleine Kartoffeln, geschält
300 g Schmand
Salz
Pfeffer, frisch gemahlen

Zubereitung:

1. Das Sauerkraut kurz abspülen, in einem Geschirrhandtuch auspressen und etwas zerrupfen.

2. Die Butter in einem Kochtopf zerlassen, unter Rühren den Zucker hinzufügen und in der Butter zerfließen lassen. Die Zwiebelwürfel in der Butter-Zucker-Mischung glasieren, das Sauerkraut und den Kümmel dazugeben und die Brühe zugießen. Das Sauerkraut bei geschlossenem Deckel bei mittlerer Hitze 40 Minuten andünsten.

3. Nach 20 Minuten die Kartoffeln schälen, zum Binden direkt in das Sauerkraut raspeln und gut vermischen. 20 Minuten weiterdünsten.

4. Währenddessen die Bratwürste mit einer Gabel rundherum einstechen und im **Programm Wurst** goldbraun grillen.*

5. Vor dem Servieren den Schmand unter das Sauerkraut mischen und das Sauerkraut mit Salz und Pfeffer würzen. Bratwürste mit Schmand-Sauerkraut anrichten.

* Siehe Hinweis Seite 10

TIPP:
Diese regionale Spezialität aus Thüringen ist eine mindestens 15 cm lange, mittelfeine Bratwurst im engen Naturdarm, roh oder gebrüht, mit würziger Geschmacksnote. Als echt gilt sie nur, wenn sie 100–150 g schwer ist. Die Gewürzmischungen variieren je nach überlieferter Rezeptur oder regionaler Ausprägung; neben Salz und Pfeffer werden insbesondere Kümmel, Majoran und Knoblauch verwendet.

Thüringen

THÜRINGER ROSTBRÄTEL -
Mariniertes Schweinenackensteak im Brötchen

4 Personen 5 Min. Vorbereitung + 12 Std. Marinierzeit ca. 20 Min. Grillzeit

Zutaten für das Rostbrätel:

800 g Schweinenacken
4 Brötchen

Zutaten für die Marinade:

1 TL Salz
1 TL Pfeffer
1 EL Paprikapulver, edelsüß
1 TL Thymian, gerebelt
2 ½ Lorbeerblätter, zerbröselt
1 Knoblauchzehe, gepresst
6 Wacholderbeeren, zerdrückt
80 ml Pflanzenöl
80 ml Olivenöl

Zubereitung:

1. Den Schweinenacken in 4 Scheiben schneiden.

2. Alle Zutaten für die Marinade gründlich verrühren. Die Schweinenackensteaks in ein verschließbares Gefäß geben und mit der Marinade bedecken. Im Kühlschrank 12 Stunden marinieren.

3. Am nächsten Tag die Steaks aus der Marinade nehmen und die Marinade abtupfen. Die Steaks nochmals 30 Minuten ruhen lassen, damit sie Zimmertemperatur annehmen. Dann das **Programm Schwein** auswählen und die Steaks grillen.

4. Die Brötchen auf der Innenseite auf einem Toaster oder in einer Pfanne anrösten. Mit jeweils einem Schweinenackensteak belegen und genießen.

Tefal

WEITERE EMPFEHLUNGEN FÜR SIE

Oliver Quaas:
OPTImal Grillen -
Rezepte für den OPTIgrill

128 Seiten,
zahlreiche Abbildungen,
188 x 230 mm, Softcover,
ISBN 978-3-95843-970-2

€ 9,99

Benjamin Hetterich:
OPTImal Grillen -
So leicht geht lecker

128 Seiten,
zahlreiche Abbildungen,
188 x 230 mm, Softcover,
ISBN 978-3-96664-191-3

€ 9,99

Eva Jauch:
OPTImal Spießgrillen -
Family & Friends

80 Seiten,
zahlreiche Abbildungen,
145 x 190 mm Softcover,
ISBN 978-3-96664-335-1

€ 7,99